I0568027

www.ingramcontent.com/pod-product-compliance
Lightning Source LLC
Chambersburg PA
CBHW070957120626
46546CB00004B/1652
9781989880890

بسم الله الرحمن الرحیم

وافی

تدوین و جمع‌آوری: افسانه میرآبی * تصویرگر: ولی شفیعی‌چایدره

سریال کتاب:P2245250078
عنوان: وافی
پدید آورنده: افسانه میرآبی
تصویرگر: ولی شفیعی چایدره
شابک کانادا: ISBN: 978- 1-989880-89-0
موضوع: بیوگرافی- داستانی / داستان مذهبی
متا دیتا: Biography/Religious Fiction
مشخصات کتاب: رقعی. Paperback
تعداد صفحات: 34
تاریخ نشر در کانادا: می۲۰۲۲

K.P.H International Group
Publishing House
ونکوور، کانادا
تلفن : +1 (833) 633 8654
واتس آپ: +1 (236) 333 7248
ایمیل : info@kidsocado.com
وبسایت انتشارات: https://kidsocadopublishinghouse.com
وبسایت فروشگاه: https://kphclub.com

سلام هم زبان

دستیابی ایرانیان مقیم خارج از کشور به کتاب‌های بسیار متنوع و جدیدی که به تازگی در ایران نگاشته و چاپ می‌شوند، محدود است. ما قصد داریم این خدمت را به فارسی زبانان دنیا هدیه دهیم تا آنها بتوانند مانند شما با یک کلیک کتاب‌هایی در زمینه های مختلف را خریداری کنند و درب منزل تحویل بگیرند.

گروه KPH و یا خانه انتشارات کیدزوکادو تحت حمایت گروه کیدزوکادو این افتخار را دارد تا برای اولین بار کتاب‌های با ارزش تألیفی فارسی را در اختیار ایرانیان مقیم خارج از ایران قرار دهد.

از اینکه توانستیم کتاب‌های جدید و با ارزشی که به قلم عالی نویسندگان و نخبگان خوب ایرانی نگاشته شده است را در اختیار شما قرار دهیم و در هر چه بیشتر معرفی کردن ایران و ایرانیان و فارسی زبانان قدم برداریم، بسیار احساس رضایتمندی داریم.

این کتاب‌ها تحت اجازه مستقیم نویسنده و یا انتشارات کتاب صورت گرفته و سود حاصله بعد از کسر هزینه‌ها، به نویسنده پرداخته می شود.

خانه انتشارات کیدزوکادو در قبال مطالب داخل کتاب هیچگونه مسئولیتی ندارد و صرفاً به عنوان یک انتشار دهنده می‌باشد. شما خواننده عزیز، می‌توانید ما را با گذاشتن نظرات در وب سایتی که کتاب را تهیه کرده‌اید به این کار فرهنگی دلگرم‌تر کنید. از کامنتی که در برگیرنده نظرتان نسبت به کتاب است عکس بگیرید و برای ما به این ایمیل بفرستید و از انتشارات یک کتاب دیگر بعنوان هدیه برای شما ارسال می‌شود.

ایمیل : info@kidsocado.com

مقدمه

امام رضا علیه‌السلام امام هشتم شیعیان می‌باشند. ایشان در سال ۱۴۸ هجری قمری در شهرمدینه به دنیا آمدند. نام پدرشان امام موسی کاظم علیه‌السلام و نام مادرشان نجمه بود. امام رضا علیه‌السلام شهر مدینه، محل اقامت و زندگی‌شان را ترک کردند و به دستور و دعوت مأمون به شهر مرو یا خراسان امروزی آمدند و با پذیرفتن ولایتعهدی (از روی اجبار) مدتی در بین شیعیان به تبلیغ دین اسلام پرداخته و سرانجام به دست مأمون به شهادت رسیدند. ایشان لقب‌های زیادی دارند که از جمله می‌توان به: شمس‌الشموس، ضامن آهو،غریب‌الغربا، رئوف، نورالهدی، رب‌التدبیر، وافی، رب‌السریر، انیس‌النفوس، زکی، رئاب‌التدبیر و ... اشاره نمود.

حضرت در زمان حرکت از مدینه به مرو از شهرهای مختلف عبور کرده و برایشان اتفاقات زیادی رخ داده که در این کتاب به مهم‌ترین رویدادهای سفرشان اشاره شده است، از جمله: آغاز سفر امام رضا علیه‌السلام از شهر مدینه به مرو و وداع با اهل‌بیت- مسیر حرکت امام به سمت مرو - ورود حضرت به نیشابور و ذکر حدیث سلسلة‌الذهب- ورود حضرت به توس و سناباد و اشاره به مزارشان کنار قبر هارون- ورود حضرت به مرو- دعای باران- تشکیل جلسات مناظره و گفتگوی امام با دانشمندان سایر ادیان- شهادت امام رضا علیه‌السلام.

هارون در زمان حیاتش عهدنامه و قراردادی بسته بود که پس از فوتش، فرزندش محمّدامین جانشینش شود. پس از در گذشت هارون، محمّدامین جانشین پدرش شد و مردم با امین بیعت کردند. پس از بروز حوادث و وقایعی و کشته شدن محمّدامین خلافت به مأمون رسید. وقتی مأمون به خلافت رسید آشوب‌ها و ناآرامی‌های فراوانی وجود داشت. او از نظر سیاسی به مشکل برخورد کرده بود. عده‌ای از بنی‌عباس که از طرفداران امین بودند دست به شورش برداشته بودند. از طرفی در زمان هارون نیز بسیاری از علویان شکنجه و آزار می‌شدند که پس از مرگ هارون هر کدام در گوشه‌ای مخالفت خود را ابراز می‌کردند.

مأمون که فرد زیرکی بود، برای از بین بردن این آشوب‌ها و فتنه‌ها اقدام هدفمندانه‌ای انجام داد. او به لحاظ سیاسی و جهت تحکیم پایه‌های قدرت و سلطنت خود، حضرت رضا علیه‌السلام را ولیعهد خود قرار داد. او پس از اطلاع از آشوب‌ها و انقلاب‌ها در سراسر مملکت، مجلس مشورتی تشکیل داد و در آن مجلس رأی بر آن داده شد جهت جلب رضایت بنی‌عباس و علویان و کنترل اوضاع و زیر نظر گرفتن امام رضا علیه‌السلام که شخصیتی مذهبی و مورد

اعتماد مسلمانان بودند، ایشـــان را از مدینه به مرو مقر خلافت خویش دعوت کرده و ایشان را ولیعهد خود نماید. مأمون به والی مدینه مأموریت داد که حضرت رضا علیه‌السلام را با احترام و تکریـــم فـــراوان از مدینه به مرو روانه ســـازد. هنگامی که افراد مأمون بـــه حضور امام رضا علیه‌السلام رسیدند و نامه‌ی مأمون را خدمت ایشان ارایه نمودند، امام بدون این که با این افراد ســـخنی بگویند، نامه را با کراهت خوانده و به ناچار پیشـــنهاد مأمون را قبول نمودند و آماده‌ی سفر شدند.[۱] امام رضا علیه‌السلام قبل از این که سفر خود را آغاز نمایند با رفتن بر مزار رسول خدا صل‌الله‌علیه وآله با ایشـــان خداحافظی نمودند. جانشـــین پس از خودشان را تعیین کرده و با اهل‌بیتشـــان نیز خداحافظی کردند. ایشـــان در هنگامی که قصد داشتند شهر مدینه را ترک نمایند، دســـتور دادند اهل‌بیت و خاندان مبارکشان در اطراف حضرت گرد آمده و فرمودند: بر من بگریید تا صدای شما را بشنوم. حضرت بیان فرمودند؛ وقتی که خواستند مرا از مدینه بیرون ببرنـــد، اهل و عیال خود را گرد آورده و به آن‌ها امر کردم که بر من گریه نمایند، تا من گریه و زاری آنان را بشـــنوم.[۲] ســـپس از آن‌ها جدا شده و ۱۲ هزار دینار برای آن‌ها گذاشتم. سپس فرمودند: من به سفری می‌روم که هرگز به سمت اهل و عیالم باز نخواهم گشت.[۳]

۱-عیون الاخبار، شیخ صدوق، ۱۳۹/۲.
اصول کافی، کلینی، ۴۰۲/۲.
الارشاد، شیخ مفید، صص ۲۹۱-۲۹۰.
۲-عیون الاخبار، شیخ صدوق، ۴۶۲/۲.
بحارالانوار، مجلسی، ۱۰۵/۱۲.
۳-المناقب، ابن شهر آشوب، ص ۱۹۶.
دلائل‌الائمه، جریر طبری، ص ۱۷۶.

v

مسیر حرکت امام به سمت مرو

مبــداء هجرت تاریخـــی امام رضا علیه الســـلام مدینه و مقصد آن مرو بوده اســـت . مأمون فرستادگان خود را مکلف کرده بود که حضرت را از راه بصره حرکت دهند . بصره در سال های مورد بحث در آتش خشونت زیدبن موسی می سوخت و این در حالی بود که حضرت رضا علیه الســـلام با صراحت از اقدام برادرش اظهارناخشنودی می کرد. با توجه به این حادثه و هم چنین ســـوابق تاریخی این شهرتصویر روشـــنی از علّت انتخاب بصره در مسیر حرکت امام رضا علیه السلام توسط مأمون به دست می آید.[1]

مسند الامام الرضا می نویسد: امام همام از قادسیه بیرون شد و از طریق بادیه به طرف بصره حرکت کرد وپس از چندی به ناحیه ی نباج رسـید. نباج بر وزن «کتاب» نام دهکده ای اســـت درکویـــر بصره که به آن نباج بنی عامربن کریـــز گویند و این قریه یکی از منازل حاجیان بصره اســـت.[2] پاره ای از مورخان جدید بدون توجه به جغرافیای تاریخی هجرت امام علی بن موسی الرضا علیه الســـلام از مدینه به مرو وهم چنین بی توجه به خط سیری که مأمون تعیین کرده بود وتأکیـــد او مبنی بر این که حضرت را از طریق بصره و فارس به خراســـان حرکت دهند و نه از کوفه وقم، به گونه ای غیر مستند و مستدل عبورحضرت را از مسیرشهرهای کوفه و قم ذکر کرده اند. بر خلاف تأکید و تصریح منابع و کتب تاریخی در تعیین مســـیر حرکت امام علی بن موسی الرضا از سوی بصره و اهواز و فارس به خراسان واین که مأمون، رجاء بن ابی ضحاک را بر حذر داشته بود که حضرت از مسیر کوفه و قم عبور کند، برخی از تذکره نویسان می نویسند:

۱-جغرافیای تاریخی هجرت امام رضا(ع) از مدینه تا مرو، جلیل عرفان‌منش، صص ۲۳-۲۱.
۲- همان منبع، ص۲۵.

حضرت در سفر به خراسان وارد قم شد و مورد استقبال شدید مردم شیعه ی قم قرار گرفت و در منزلگاهی که فرود آمد مدرســه ای ساخته شــد که امروزه به مدرسه ی رضویه مشهور است.[1] در مورد توقف حضرت در قم، منابع تاریخی محلّی نیز آن را تأکید نمی‌کند.

حسن قمی که در سال ۳۷۸ هجری قمری تاریخ قم را تألیف کرده است می نویسد: مأمون، امام رضا علیه السلام را از مدینه به مرو در صحبت رجاء بن ابی ضحاک از راه بصره و فارس و اهواز (بصره -اهواز و فارس) به طوس آورد و برای او در آخر سنه‌ی مأتین (۲۰۰ هجری قمری) بیعت به ولایتعهدی بست. تاریخ قم که از قدیمی‌ترین منابع تاریخ محلی است هیچ‌گونه اطلاعی از عبور حضرت رضا علیه الســلام از شــهر قم نمی دهد. کلینی نیز در اصول کافی می نویسد: مأمون آن حضرت را از بصره و شــیراز (که شــیعیانش کم‌تر بودند) به مرو حرکت داد. مأمون تأکید داشــت حضرت را از مسیر کوفه و قم عبور ندهند. سفارش مأمون در این مورد بی دلیل نبود، زیرا شهر کوفه و قم مرکز تجمع شیعیان بود.[2] مسیری که مأمون برای حرکت حضرت از مدینه به مرو انتخاب کرده بود از نظر جغرافیایی، سیاسی، مذهبی و.... بسیار دقیق و زیرکانه در نظر گرفته شده بود. او اصرار داشت امام رضا علیه السلام را از بصره - فارس - اصفهان - دشت آهوان - کوه میامی به طرف نیشــابور سپس به توس و سناباد آورده و از آن جا به مرو حرکت دهند. مأمون دوســت نداشت حضرت از بعضی شــهر ها عبور کنند، زیرا در برخی از شهرها، شــیعیان پایگاه های محکمی داشتند و آن شــهرها جزء شهرهای پر آشوب برای مأمون بودند. او حضرت را از شــهر هایی عبور داد که تعداد شیعیانش کم‌تر بودند و شیعیان نمی‌توانستند از اوضاع امام آگاه شوند. مأمون به حضرت نوشت: راه کوهستان و قم را در پیش نگیرید، بلکه از بصره و اهواز و فارس بیایید (شاید مقصودش این بود که آن حضرت از راهی برود که شیعیانش کم‌تر باشند و از ناراحتی امام آگاه نشوند) تا آن که به مرو برسید.[3]

۱- همان منبع، صص ۳۳-۲۹.

۲-همان منبع، صص ۳۶-۳۵.

۳- اصول کافی، کلینی رازی، صص ۴۰۲/۲ و ۴۰۷.
اثبات‌الوصیه، مسعودی، ص۲۰۴.

ورود حضرت به نیشابور و ذکر حدیث سلسلة الذهب

نیشابور اوّلین شهری بود که در ناحیه‌ی خراسان و در مسیر راه امام رضا علیه‌السلام قرار داشت. روایت عبدالسلام بن‌صالح ابوصلت هروی معتبرترین گزارش از توقف امام رضا علیه‌السلام در نیشابور است که ثبت شده و حدیث مشهور و معروف «سلسلة الذهب» را از امام رضا علیه‌السلام در نیشـــابور نقل می‌کند. وقتی امام رضا علیه‌السلام می‌خواســـتند از نیشابور به خراسان و نزد مأمون بیایند، وارد نیشابور شدند.

نویسندگان و اصحاب حدیث فریاد کشیدند: ای مردم! گوش کنید و حفظ کنید و فرزند پیامبر را آزار ندهید و ساکت باشید. اصحاب حدیث گرد حضرت آمدند و گفتند: «یابن رسول‌الله تو نزد ما کوچ می‌کنی ما را به چیزی حدیث نمی‌کنی که آن را ضبط کنیم؟ ایشان در میان کجاوه نشسته بودند، سرشان را از کجاوه بیرون آورده و فرمودند:

«پدرم موســـی‌بن‌جعفر علیه‌الســـلام از پـــدرش حضرت صادق علیه‌الســـلام و ایشـــان از محمّدبن‌علی و آن سرور از علی‌بن‌الحسین علیه‌السلام و آن جناب از حسین‌بن‌علی شهید کربلا و حســـین‌بن‌علی علیه‌الســـلام از امیرالمومنین علی‌بن‌ابی‌طالب علیه‌السلام و علی‌بن‌ابی‌طالب از

پیامبراکرم صل‌الله‌علیه‌وآله و آن جناب از جبرییل نقل کرد وگفت: از خدای تعالی شـــنیدم که فرمود: کلمهٔ «لااِله‌الاالله حِصنی فَمَـــن دَخَلَ حِصنی آَمِنَ مِن عَذابی »کلمه لااِله‌الاالله حصار و دژ محکم من است، هر که این کلمه را بگوید وارد حصار من می‌شود و هر که در حصار من داخل شود از عذابم ایمن خواهد بود.[1] در روایت امالی شیخ سوال می‌کنند که اخلاص شهادت چگونه اســـت؟ می‌فرماید: فرمان‌برداری و پیروی از پیامبر صل‌الله‌علیه‌وآله و ولایت خاندان نبوت. در امالی می‌نویسد: حضرت رضا علیه‌السلام پس از نقل حدیث از داخل سایه‌بان سرشان را بیرون آورده، فرمودند:

«بشُـــرطِها و اَنَا مِن شـــرُوطِها» اقرار این کلمه در صورتی موثر است که شرایط آن صورت پذیرد و انجام شـــود. یکی از شرایط آن من هســـتم. یعنی اعتراف به امامت من.[2] حضرت رضا علیه‌السلام حدیث را بیان نمودند و گفته می‌شود حدود ۲۴ هزار قلم به دست حدیث را نوشتند. یعنی ۲۴ هزار قلمدان به کار رفت به غیر از کسانی که دوات به کار بردند و غیر از افرادی که از آنان برای خود درخواست نوشتن کردند.

۱- کشف‌الغمه، ج۳، ص۱۴۴.

۲- زندگی حضرت رضا(ع)، تألیف عمادزاده، ج۱، ص۴۸۵.

ورود حضرت به توس و سناباد و اشاره به محل مزارشان کنار قبر هارون

امام رضا علیه‌السلام در سفر به خراسان از راه سناباد به مرو وارد شدند. سناباد باغ ییلاقی بود که بزرگ‌ترین و آبادترین باغ مسکونی آن باغی بود که قصر اسکندر یا قبه هارونی در آن قرار داشت. حمیدبن‌قحطبه استاندار توس، از طرف هارون‌الرشید حاکم آن‌جا شده بود و در این باغ سکونت داشت. زمانی که هارون درگذشت، او را در همان باغ دفن کردند. بنا به رسم و سنت قدیم در بهترین مکان مسکونی هر روستا از تمامی مسافران رسمی و ارجمند پذیرایی می‌کردند، تا به مقصد خود برسند.

وقتی امام رضا علیه‌السلام همراه مسافران و همراهان قافله مدینه به کاخ ییلاقی حمیدبن‌قحطبه رسیدند در آن‌جا پذیرایی شدند و مورد احترام فراوانی قرار گرفتند. در همان مکانی که حضرت به دستور مأمون مسموم شدند و به شهادت رسیدند. آن حضرت از قبل پیش‌گویی کرده بودند که در کنار قبر هارون دفن خواهند شد.[1] از زمانی که امام رضا علیه‌السلام در سناباد به خاک سپرده شدند آن مکان به مشهد علی‌بن‌موسی‌الرضا علیه‌السلام تغییر نام یافت و جهت سهولت در استفاده به تنهایی آن را «مشهد» نامیدند.

شیخ صدوق می‌گوید: حضرت داخل خانه‌ی حمیدبن‌قحطبه طائی شد و نزد قبر هارون‌الرشید

۱- الارشاد، شیخ مفید ۴۴۹/۲.
اصول کافی، کلینی، ۴۱۲/۲.

رفت، سپس با دست مبارک خطی به یک طرف قبر کشیدند و فرمودند: این مکان تربت من است و من در اینجا دفن خواهم شد و به زودی حق تعالی این مکان را محل رفت و آمد شیعیان و دوستان من قرار می‌دهد. به خدا سوگند اگر فرد شیعه‌ای من را زیارت کند و بر من درود فرستد شفاعت ما اهل‌بیت و رحمت خداوند بر او واجب می‌شود. سپس روی مبارک را به قبله کردند و نماز خواندند و دعا فرمودند و چون فارغ شدند سر مبارک را به سجده گذاشته و سجده‌ای طولانی کردند. که من ۵۰۰ تسبیح از آن حضرت را شمردم پس از آن مراجعت نمودند.[1]

امام رضا علیه‌السلام پس از دو روز اقامت در سناباد به طرف مرو حرکت کردند.

---

۱ - عیون اخبار الرضا، شیخ صدوق، ۳۷۶/۲.

بحارالانوار، مجلسی، ۱۱۳/۱۲.

ورود حضـرت به مـرو

دو شهر نیشـــابور و مرو از مهم‌ترین شهرهای خراسان به شمار می‌رفت. شهر مرو در آن زمان مرکز حکومت مأمون بود. زمانی که امام رضا علیه‌السلام وارد مرو شدند مورد استقبال باشکوهی قرار گرفتند. گفته شـــده جمعیّت بی‌شـــماری از مردم جهت استقبال آن حضرت از شهر خارج شـــده بودند، که حدود سی و ســـه هزار نفر از بنی‌عباس و عده‌ای از بنی‌هاشم به دعوت مأمون جمع شـــده بودند و گروه انبوهی که همراه خود حضرت رضا علیه‌السلام از مدینه تا مرو آمده بودند، همگی حضور داشتند.

قوای دولتی و نظامی با صف‌هایی آراســـته و منظم نیز به استقبال امام رضا علیه‌السلام آمده بودند. امام علی‌بن‌موســـی‌الرضا علیه‌السلام، در حالی که شهر را به زیباترین شکل تزیین نموده بودند در میان درودها و سلام و تحیت‌ها وارد شهر مرو شدند.

حوادث بســـیاری در مرو برای حضرت پیش آمد که در منابع معتبر ثبت شـــده اســـت. از جملـــه: مناظره‌ها و گفتگوی میان امام و مأمون پذیرش ولایتعهدی، ســـکه زدن به نام امام رضا علیه‌السلام توسط مأمون و آوردن نام حضرت در خطبه‌ها، ازدواج سیاسی دختر مأمون با فرزند بزرگوار امام رضا علیه‌السلام حضرت امام جواد علیه‌السلام. آن‌چه از منابع و مأخذ در دسترس

اســـت پذیرش ولایتعهدی از سوی امام رضا علیه‌السلام تحت فشار بسیار زیادی انجام شده و زمانی که تهدیدهای مأمون جدی شد امام به ناچار آن را پذیرفتند. مأمون به حضرت گفت: من می‌خواهم خود را از خلافت بر کنار کرده و با شما به خلافت بیعت کنم. امام رضا علیه‌السلام نپذیرفتنـــد. مأمون تلاش‌هـــای فراوانی می‌کرد تا حضرت را به پذیـــرش خلافت راضی نماید. سرانجام وقتی ناامید شد به ایشان گفت:

حـــالا که خلافت را نمی‌پذیرید و نمی‌خواهید که من با شـــما بیعت کنم، پس ولایتعهدی را بپذیرید. پس از بحث و گفتگوهای زیاد بین مأمون و امام رضا علیه‌الســـلام، مأمون اظهار داشت اگر ولایتعهدی را نپذیرید شـــما را به اجبار به پذیرش ولایتعهدی وادار کرده، چنان‌چه بپذیرید خوب و اگر نپذیرید گردنتان را می‌زنم.[1] امام رضا علیه‌السلام به اجبار پذیرفتند و فرمودند:

خداوند مرا منع فرموده که خود را به دســـت خویش به هلاکت افکنم، اگر چنین اســـت که می‌گویی، آن‌چه خواهی می‌پذیرم به شـــرط این که کســـی را به مقامی نگمارم و شخصی را از مقامی بر کنار نکنم و رسمی را از میان نبرده و روشی را تغییر ندهم، و از دور به امور ولایتعهدی ناظر باشم. به هر حال امام رضا علیه‌السلام پس از پذیرش ولایتعهدی تصمیم گرفتند تا از درون حکومت را متلاشـــی سازند که ســـرانجام اقدامات آن حضرت مأمون را به وحشت انداخته و مأمون تصمیم گرفت امام را به شهادت برساند.[2]

۱- علل‌الشرایع، ج ۱، ص۲۲۶.

۲- زندگانی سیاسی هشتمین امام، جعفر مرتضی عاملی، صص ۱۸۸-۱۶۶.
عیون‌الاخبارالرضا، شیخ صدوق، صص ۲/ ۳۷۹-۳۹۰.

دعـــای بـــاران

روایت شـــده در زمانی که امام رضا علیه‌السلام ولایتعهدی را پذیرفته بودند مدتی باران نبارید، و این بهانه‌ای شد برای بعضی از اطرافیان مأمون که در حقیقت مخالف حضرت نیز بودند، و این موضوع را مرتبط با ولایتعهدی حضرت دانســـته و به مأمون بیان کردند که از زمان ورود علی‌بن‌موســـی‌الرضا علیه‌السلام به مرو و ولیعهد شدنشان خداوند نعمت و باران را از ما قطع کرده است.

مأمون در پی صحبت‌ها، از حضرت خواســـت تا از خداوند طلب باران رحمت نمایند. در روز ۲شنبه امام رضا علیه‌السلام به سمت صحرا حرکت نمودند. مردم نیز از خانه‌های خود خارج شده و همراه حضرت حرکت کردند. حضرت پس از حمد و سپاس خداوند، فرمودند: بار خدایا، تو ما اهل بیت را بزرگ داشته‌ای و ما را مورد احترام همگان قرار داده‌ای، آن‌ها‌به ما متوسل شـــده و از طریق ما فضل و رحمت تو را می‌خواهند و طلب می‌کنند، و در انتظار نعمت و کرم تو هستند.

خدایـــا اکنون باران رحمت خـــود را بر این مردم نازل کـــرده و آن‌ها را از نعمت خود بهره‌مند بساز. باران خود را هنگامی که مردم به خانه‌های خود برگشتند فرو بفرست.

محمّدبن سیار در روایتی می‌گوید:

ســوگند به خدایی که محمّدصل‌الله‌علیه‌وآله را به راســتی برانگیخت، پس از دعای آن حضرت بادها شروع به وزیدن کرده، ابرها آشکار شده و رعد و برق به وجود آمد و مردم همانند کســانی که از باران فرار می‌کنند، از جای خود بلند شده و به سمت خانه‌های خود رفتند. هنگامی که جمعیّت به خانه‌های خود رسیدند، بارش باران شروع شد.[1]

۱- اخبار و آثار امام رضا(ع)، عطاردی، صص ۱۴۵-۱۴۳.
مناقب اهل بیت(ع)، نجفی یزدی، ص ۱۹۵-۱۹۴/۲.

تشکیل جلسات مناظره و گفتگوی امام رضا علیه‌السلام با دانشمندان سایر ادیان و مکاتب

مأمون جلساتی با حضور امام رضا علیه‌السلام و علما و دانشمندان ادیان و مکاتب رایج آن روزگار از جمله رییس اسقف‌ها، دانشمند برجسته یهود، رییس و دانشمند هندوها و زرتشتی‌ها، پزشک رومی وگروهی از متکلمان و ... تشکیل می‌داد. او دانشمندان را از شهرهای مختلف دعوت می‌کرد تا با حضرت مناظره کنند. هدف مأمون از تشکیل چنین جلساتی تنها به دلیل علاقه‌ی فردی او نبود و نمی‌خواست عظمت، دانش و ارزش امام رضا علیه‌السلام را نشان بدهد، هدف او از انجام این کار، آزمایش حضرت بود او می‌خواست دانشمندان با حضرت مناظره کنند، شاید آن‌ها پیروز شوند و ارزش و اعتبار حضرت در نظر دانشمندان و علما کم شده و امام رضا علیه‌السلام در مقابل پرسش‌ها، بحث‌ها و مناظره‌های پیچیده‌ی مخالفان حقیر و کوچک شوند. مأمون بدین شکل دشمنی خود را با خاندان آل پیامبر صل‌الله‌علیه‌وآله ابراز می‌کرد. ولی به لطف و یاری خداوند از یهودی، مجوس، ستاره‌پرست، دانشمند و ... و هر فرقه‌ای، هر فردی که با امام مناظره می‌نمودند شکست می‌خوردند و دلیل امام علیه‌السلام را می‌پذیرفتند.[1]

۱- پژوهشی دقیق در زندگانی امام علی‌بن موسی‌الرضا(ع)، محمّدباقر شریف القرشی، ج اوّل، ص۱۹۳.

شهادت امام رضا علیه‌السلام

در منابع تاریخی، در مورد نحوه‌ی شـــهادت حضرت امام رضا علیه‌الســـلام اختلافات زیادی وجود دارد. گفته شده در ابتدا مأمون به امام انگور داد و امام در اثر خوردن آن مسموم و بیمار شدند. بعضی گفته‌اند خود مأمون نیز بیمار شد، اما بیماری او کوتاه بود و بهبود یافت. برخی نیز گفته‌اند: زمانی که امام علیه‌الســـلام در اثر خوردن انگور مسموم شده و بیمار گشتند، مأمون به عبدالله‌بن بشـــیر فرمان می‌دهد تا ناخن‌هایش را بلند کند و قبل از آن که نزد امام برای عیادت برود، مأمون مقداری موم زهرآلود به او داده تا به دســـتان و ناخن‌هایش بمالد. وقتی عبدالله‌بن بشـــیر برای دیدار امام علیه‌السلام نزد ایشان می‌رود، به دستور مأمون سبدی انار تهیّه می‌کنند. مأمون از عبدالله‌بن‌بشـــیر می‌خواهد تا اناری را دانه کرده و با دستان زهرآلود آن را فشار داده و اصـــرار کند تا امام علیه‌الســـلام آن را بخورند.[1] گفته شـــده دو روز بعـــد از این ماجرا امام علیه‌السلام از دار فانی رحلت می‌نمایند. برخی از بزرگان از جمله: حمد الله‌مستوفی، ابن‌حجر و ... از افرادی هستند که به صراحت بیان می‌کنند، امام علی‌بن‌موسی‌الرضا علیه‌السلام را به فرمان مأمون زهر داده و مسموم کرده‌اند.[2]

۱- عیون‌الاخبار الرضا، شیخ صدوق، ۲/ ۴۸۷.
۲- تاریخ فخری، ابن‌طقطقی، ص۳۰۱.

منابع و مآخذ:

- عیون‌الاخبار، شیخ صدوق.

- اصول کافی، کلینی.

- الارشاد، شیخ مفید.

- بحارالانوار، مجلسی.

- المناقب، ابن شهرآشوب.

- دلائل‌الائمه، جریر طبری.

- اثبات‌الوصیه، مسعودی.

- کشف‌الغمه.

- زندگی حضرت رضا علیه‌السلام. تالیف عمادزاده، ج۱.

- علل‌الشرایع.

- زندگی سیاسی هشتمین امام، جعفرمرتضی عاملی.

- مناقب اهل بیت علیه‌السلام، نجفی یزدی

- جغرافیای تاریخی هجرت امام رضا(ع) از مدینه تا مرو- جلیل عرفان منش

- اخبارو آثار امام رضا علیه‌السلام، عطاردی.

- تاریخ فخری، ابن‌طقطقی.

- پژوهشی دقیق در زندگانی امام علی‌بن موسی‌الرضا(ع)، محمدباقر شریف القرشی، ج۱.

آثار افسانه میرابی

kphclub.com

Amazon.com